From

Just Visualize It

Copyrighted

Subject	Reference	Date

Priorities

- ☐ _____
- ☐ _____
- ☐ _____
- ☐ _____

Description / Tasks / Actions	Target	✓

Subject	Reference	Date

Priorities

- ☐ _____
- ☐ _____
- ☐ _____
- ☐ _____

Description / Tasks / Actions	Target	✓

Subject	Reference	Date

Priorities

- ☐ _____
- ☐ _____
- ☐ _____
- ☐ _____

Description / Tasks / Actions	Target	✓

Subject	Reference	Date

Priorities

- ☐ _____
- ☐ _____
- ☐ _____
- ☐ _____

Description / Tasks / Actions	Target	✔

Subject	Reference	Date

Priorities

- [ ] _____
- [ ] _____
- [ ] _____
- [ ] _____

Description / Tasks / Actions	Target	✔

Subject	Reference	Date

- ☐ _____
- ☐ _____
- ☐ _____
- ☐ _____

Description / Tasks / Actions	Target	✔

Subject	Reference	Date

- ☐ _____
- ☐ _____
- ☐ _____
- ☐ _____

Description / Tasks / Actions	Target	✔

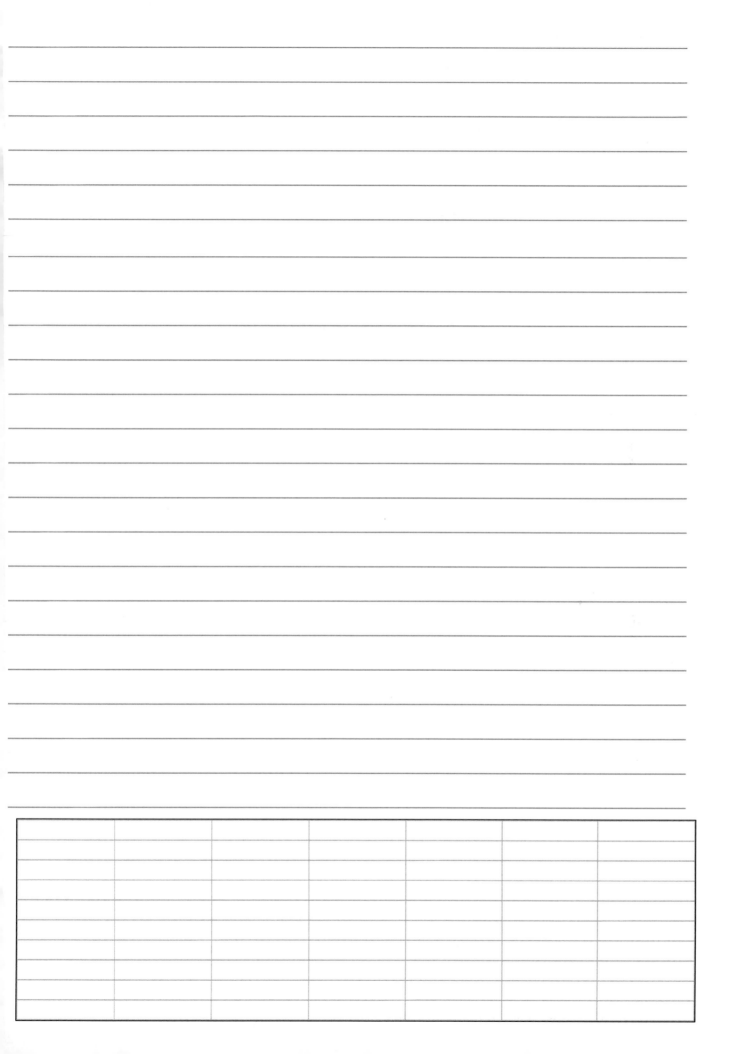

Subject	Reference	Date

Priorities

- ☐ _____
- ☐ _____
- ☐ _____
- ☐ _____

Description / Tasks / Actions	Target	✓

Subject	Reference	Date

Priorities

- ☐ _____
- ☐ _____
- ☐ _____
- ☐ _____

Description / Tasks / Actions	Target	✓

Subject	Reference	Date

Priorities

- ☐ _____
- ☐ _____
- ☐ _____
- ☐ _____

Description / Tasks / Actions	Target	✔

Subject	Reference	Date

Priorities

- [ ] _____
- [ ] _____
- [ ] _____
- [ ] _____

Description / Tasks / Actions	Target	✓

Subject	Reference	Date

Priorities

- ☐ _____
- ☐ _____
- ☐ _____
- ☐ _____

Description / Tasks / Actions	Target	✓

Subject	Reference	Date

Priorities

- ☐ _____
- ☐ _____
- ☐ _____
- ☐ _____

Description / Tasks / Actions	Target	✓

Subject	Reference	Date

Priorities

- ☐ _____
- ☐ _____
- ☐ _____
- ☐ _____

Description / Tasks / Actions	Target	✔

Subject	Reference	Date

Priorities

- [ ] _____
- [ ] _____
- [ ] _____
- [ ] _____

Description / Tasks / Actions	Target	✓

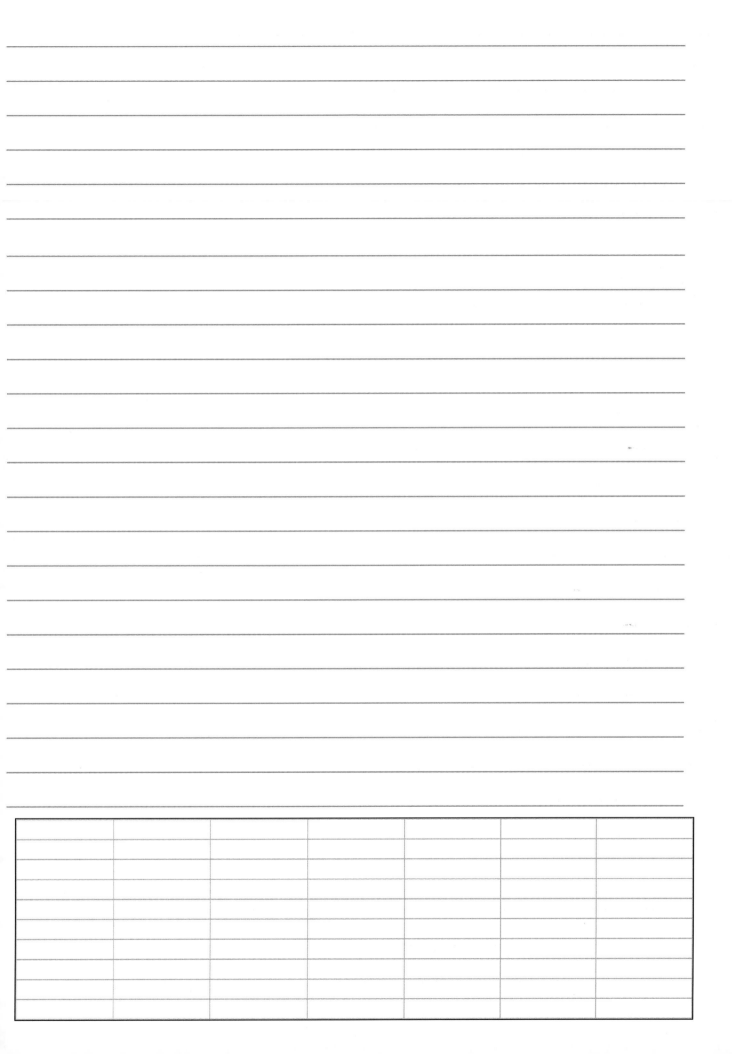

Subject	Reference	Date

Priorities

- ☐ _____
- ☐ _____
- ☐ _____
- ☐ _____

Description / Tasks / Actions	Target	✓

Subject	Reference	Date

Priorities

- ☐ _____
- ☐ _____
- ☐ _____
- ☐ _____

Description / Tasks / Actions	Target	✓

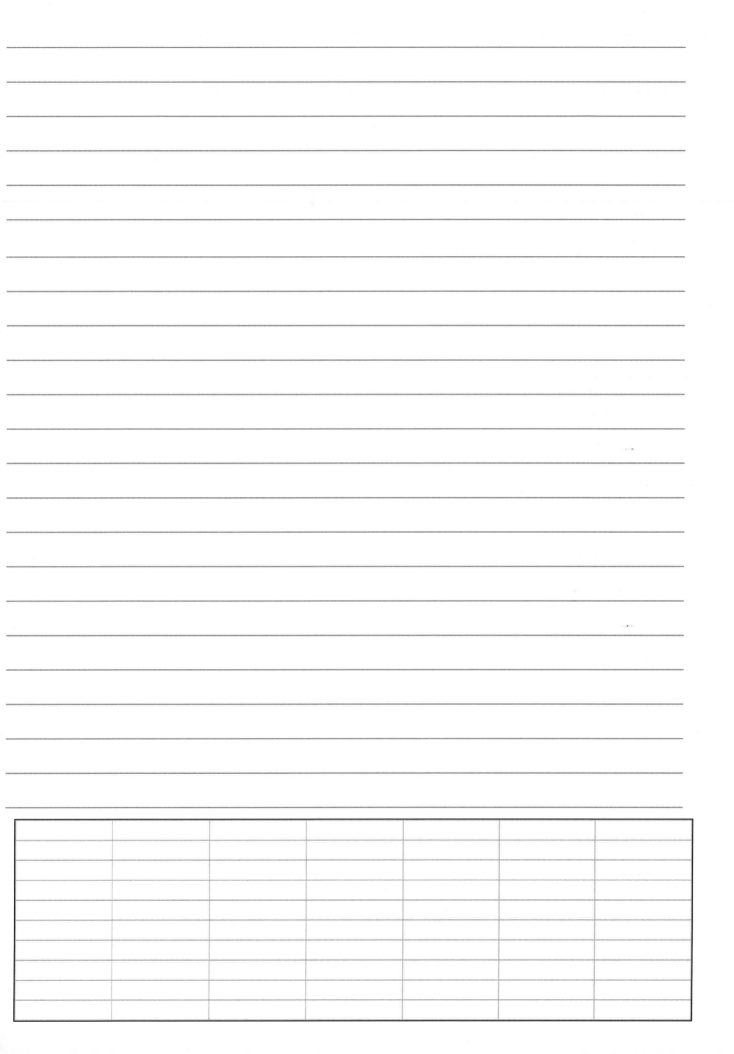

Subject	Reference	Date

Priorities

- [ ] _____
- [ ] _____
- [ ] _____
- [ ] _____

Description / Tasks / Actions	Target	✓

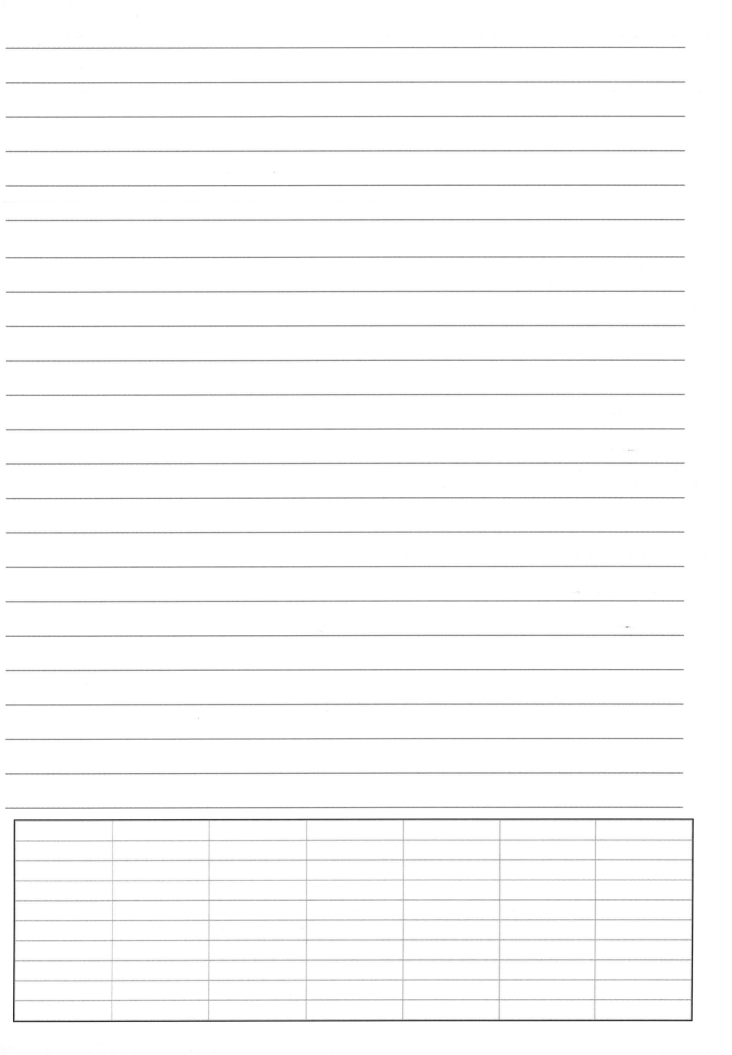

Subject	Reference	Date

Priorities

- ☐ _____
- ☐ _____
- ☐ _____
- ☐ _____

Description / Tasks / Actions	Target	✓

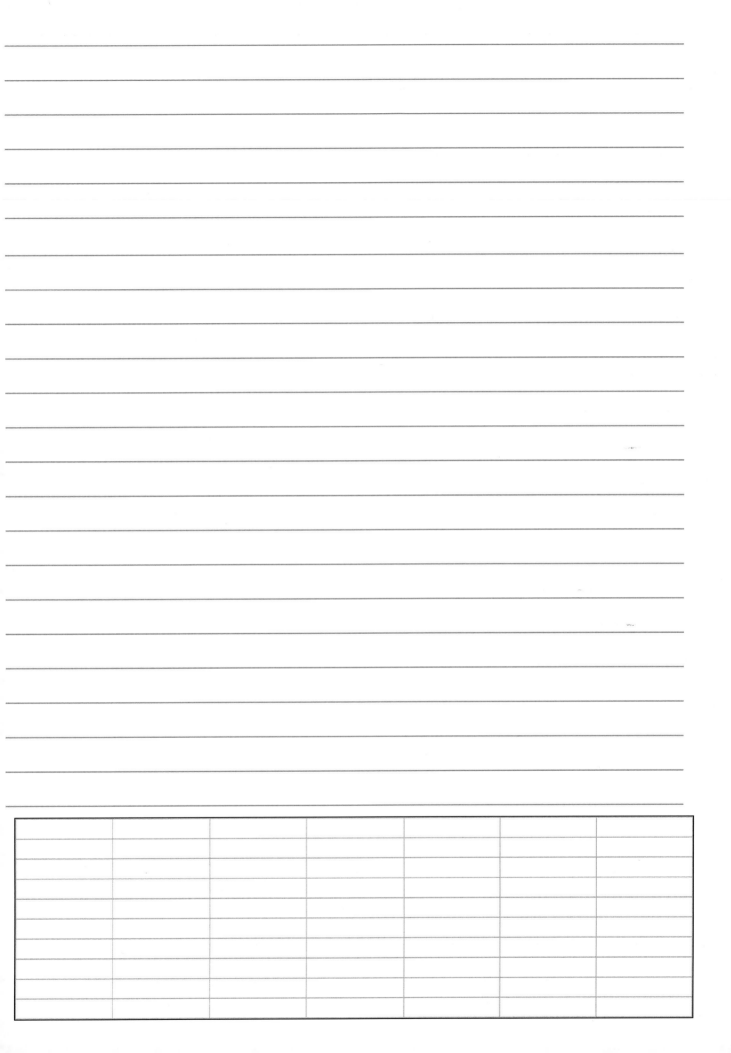

Subject	Reference	Date

Priorities

- ☐ _____
- ☐ _____
- ☐ _____
- ☐ _____

Description / Tasks / Actions	Target	✔

Subject	Reference	Date

Priorities

- [ ] _____
- [ ] _____
- [ ] _____
- [ ] _____

Description / Tasks / Actions	Target	✔

Subject	Reference	Date

Priorities

- ☐ _____
- ☐ _____
- ☐ _____
- ☐ _____

Description / Tasks / Actions	Target	✓

Subject	Reference	Date

Priorities

- ☐ _____
- ☐ _____
- ☐ _____
- ☐ _____

Description / Tasks / Actions	Target	✓

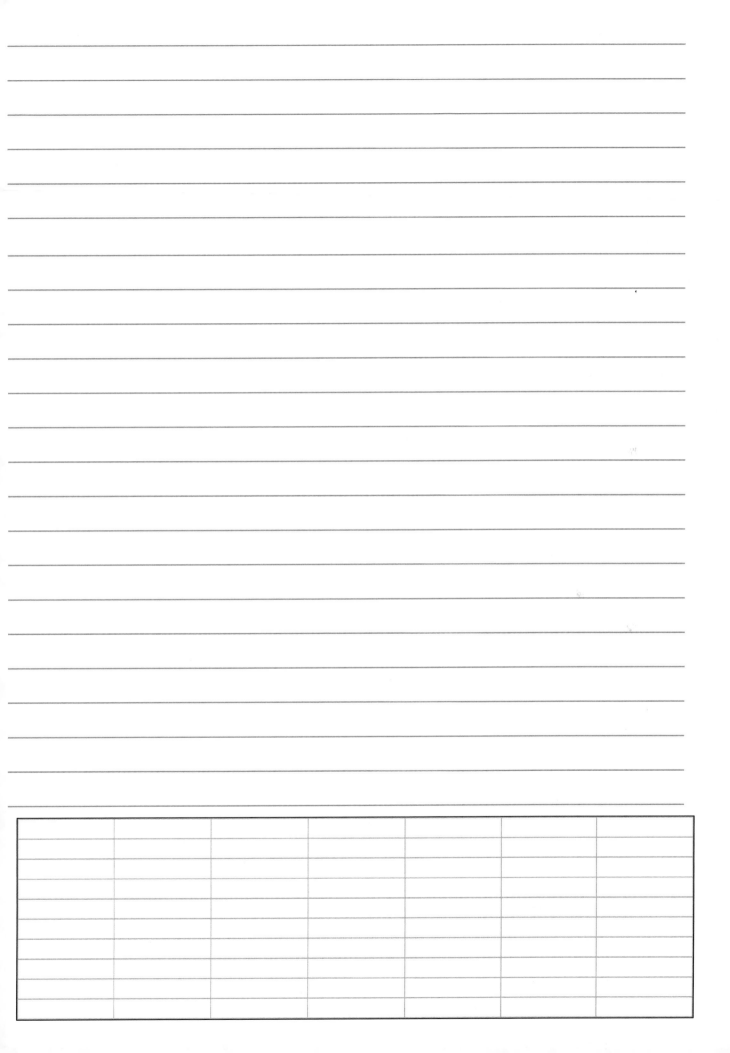

Subject	Reference	Date

Priorities

- [ ] _____
- [ ] _____
- [ ] _____
- [ ] _____

Description / Tasks / Actions	Target	✓

Subject	Reference	Date

Priorities

- ☐ _____
- ☐ _____
- ☐ _____
- ☐ _____

Description / Tasks / Actions	Target	✓

Subject	Reference	Date

Priorities

☐ _____
☐ _____
☐ _____
☐ _____

Description / Tasks / Actions	Target	✔

Subject	Reference	Date

Priorities

- ☐ _____
- ☐ _____
- ☐ _____
- ☐ _____

Description / Tasks / Actions	Target	✔

Subject	Reference	Date

Priorities

- ☐ _____
- ☐ _____
- ☐ _____
- ☐ _____

Description / Tasks / Actions	Target	✓

Subject	Reference	Date

Priorities

- ☐ _____
- ☐ _____
- ☐ _____
- ☐ _____

Description / Tasks / Actions	Target	✔

Subject	Reference	Date

Priorities

- ☐ _____
- ☐ _____
- ☐ _____
- ☐ _____

Description / Tasks / Actions	Target	✓

Subject	Reference	Date

Priorities

- ☐ _____
- ☐ _____
- ☐ _____
- ☐ _____

Description / Tasks / Actions	Target	✓

Subject	Reference	Date

Priorities

- ☐ _____
- ☐ _____
- ☐ _____
- ☐ _____

Description / Tasks / Actions	Target	✔

Subject	Reference	Date

Priorities

- [ ] _____
- [ ] _____
- [ ] _____
- [ ] _____

Description / Tasks / Actions	Target	✔

Subject	Reference	Date

Priorities

- ☐ _____
- ☐ _____
- ☐ _____
- ☐ _____

Description / Tasks / Actions	Target	✔

Subject	Reference	Date

Priorities

- ☐ _____
- ☐ _____
- ☐ _____
- ☐ _____

Description / Tasks / Actions	Target	✓

Subject	Reference	Date

Priorities

- ☐ _____
- ☐ _____
- ☐ _____
- ☐ _____

Description / Tasks / Actions	Target	✓

Subject	Reference	Date

Priorities

- ☐ _____
- ☐ _____
- ☐ _____
- ☐ _____

Description / Tasks / Actions	Target	✔

Subject	Reference	Date

Priorities

- [ ] _____
- [ ] _____
- [ ] _____
- [ ] _____

Description / Tasks / Actions	Target	✔

Subject	Reference	Date

Priorities

- [ ] _____
- [ ] _____
- [ ] _____
- [ ] _____

Description / Tasks / Actions	Target	✔

Subject	Reference	Date

Priorities

- [ ] _____
- [ ] _____
- [ ] _____
- [ ] _____

Description / Tasks / Actions	Target	✔

Subject	Reference	Date

Priorities

- ☐ _____
- ☐ _____
- ☐ _____
- ☐ _____

Description / Tasks / Actions	Target	✔

Subject	Reference	Date

Priorities

- [ ] _____
- [ ] _____
- [ ] _____
- [ ] _____

Description / Tasks / Actions	Target	✔

Subject	Reference	Date

Priorities

- [ ] _____
- [ ] _____
- [ ] _____
- [ ] _____

Description / Tasks / Actions	Target	✓

Subject	Reference	Date

Priorities

- [ ] _____
- [ ] _____
- [ ] _____
- [ ] _____

Description / Tasks / Actions	Target	✔

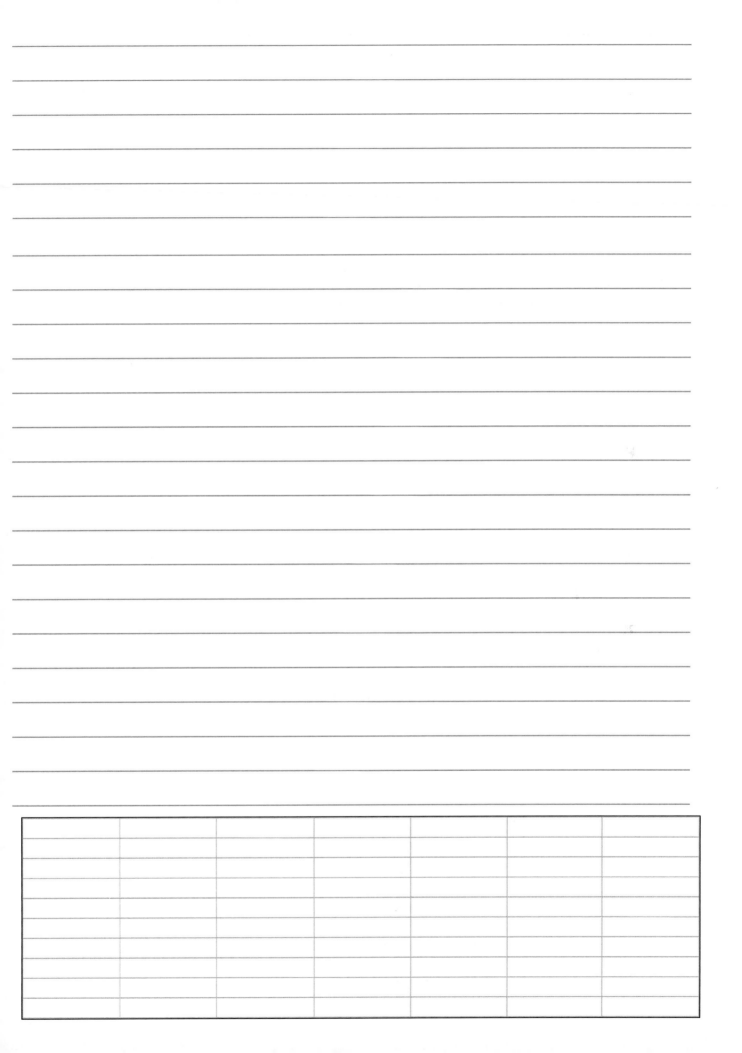

Subject	Reference	Date

Priorities

- [ ] _____
- [ ] _____
- [ ] _____
- [ ] _____

Description / Tasks / Actions	Target	✔

Subject	Reference	Date

Priorities

- ☐ _____
- ☐ _____
- ☐ _____
- ☐ _____

Description / Tasks / Actions	Target	✓

Subject	Reference	Date

Priorities

- ☐ _____
- ☐ _____
- ☐ _____
- ☐ _____

Description / Tasks / Actions	Target	✔

Subject	Reference	Date

Priorities

- ☐ _____
- ☐ _____
- ☐ _____
- ☐ _____

Description / Tasks / Actions	Target	✓

Subject	Reference	Date

Priorities

- ☐ _____
- ☐ _____
- ☐ _____
- ☐ _____

Description / Tasks / Actions	Target	✔

Subject	Reference	Date

Priorities

- ☐ _____
- ☐ _____
- ☐ _____
- ☐ _____

Description / Tasks / Actions	Target	✔

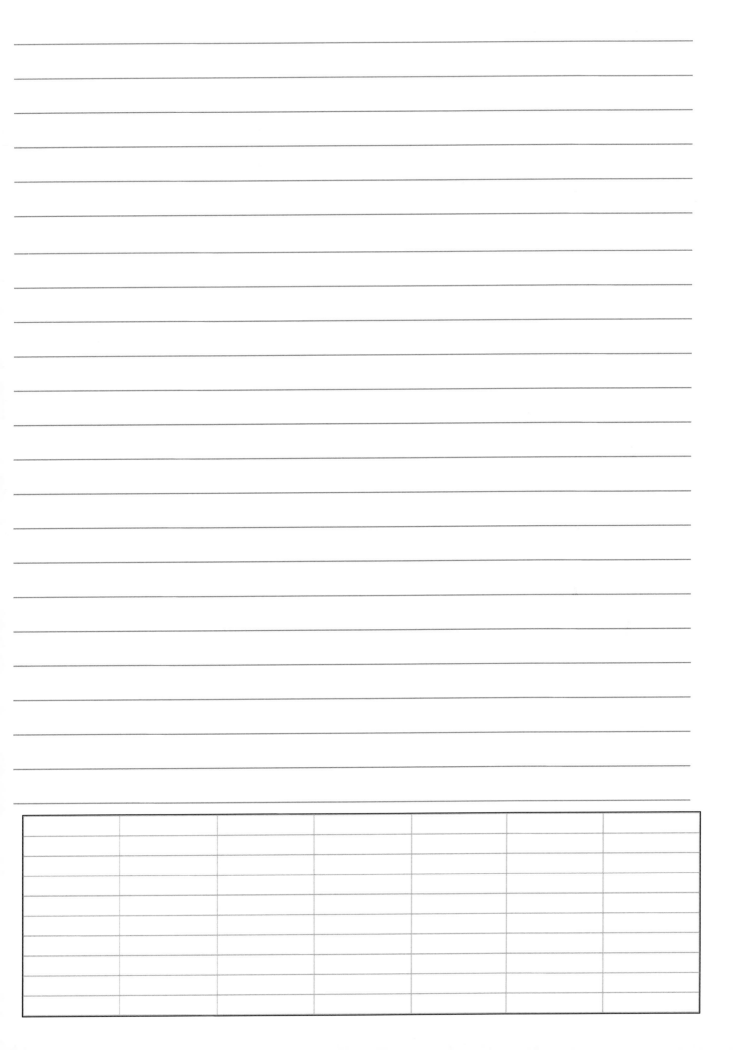

Subject	Reference	Date

Priorities

- [ ] _____
- [ ] _____
- [ ] _____
- [ ] _____

Description / Tasks / Actions	Target	✓

Subject	Reference	Date

Priorities

- ☐ _____
- ☐ _____
- ☐ _____
- ☐ _____

Description / Tasks / Actions	Target	✔

Subject	Reference	Date

Priorities

- [ ] _____
- [ ] _____
- [ ] _____
- [ ] _____

Description / Tasks / Actions	Target	✓

Subject	Reference	Date

Priorities

☐ _____

☐ _____

☐ _____

☐ _____

Description / Tasks / Actions	Target	✓

Subject	Reference	Date

Priorities

- ☐ _____
- ☐ _____
- ☐ _____
- ☐ _____

Description / Tasks / Actions	Target	✓

Subject	Reference	Date

Priorities

- ☐ _____
- ☐ _____
- ☐ _____
- ☐ _____

Description / Tasks / Actions	Target	✔

Subject	Reference	Date

Priorities

- ☐ _____
- ☐ _____
- ☐ _____
- ☐ _____

Description / Tasks / Actions	Target	✓

Subject	Reference	Date

Priorities

- ☐ _____
- ☐ _____
- ☐ _____
- ☐ _____

Description / Tasks / Actions	Target	✔

Subject	Reference	Date

Priorities

- ☐ _____
- ☐ _____
- ☐ _____
- ☐ _____

Description / Tasks / Actions	Target	✔

Subject	Reference	Date

Priorities

- ☐ _____
- ☐ _____
- ☐ _____
- ☐ _____

Description / Tasks / Actions	Target	✔

Made in the USA
Middletown, DE
18 May 2022

65900317R00068